AF257558

PROJET DE LOI

CONSTITUTION POLITIQUE DES COLONIES.

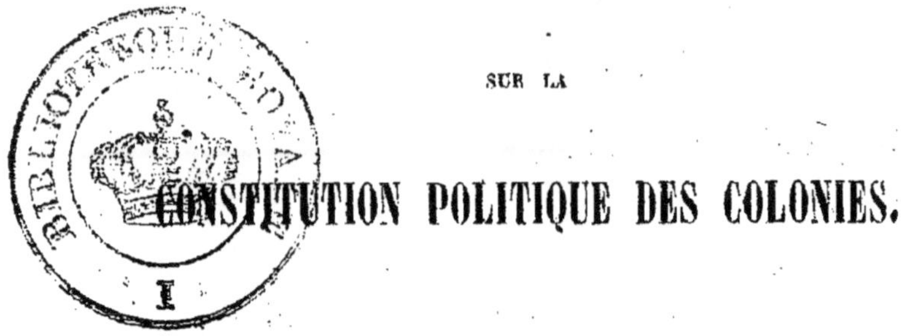

On assure que l'on prépare en ce moment, au ministère de la marine, un projet de loi, dont les principales dispositions seraient :

L'abrogation de la loi du 24 avril 1833 ;

La suppression des conseils coloniaux, et leur remplacement par des conseils généraux ;

La suppression du conseil des délégués, et son remplacement par des députés à la Chambre élective.

Si ce projet recevait l'approbation du conseil des ministres, s'il était adopté par les Chambres et sanctionné par le roi, la constitution politique des colonies n'existerait plus ; on aurait violé l'article 64 de la Charte, qui veut *que les colonies soient régies par des lois particulières.*

La loi du 24 avril 1833 n'est en vigueur que depuis dix ans ; elle a été votée par la Chambre des pairs, à la majorité de 118 voix contre 5 ; par la

Chambre des députés, à la majorité de 216 voix contre 26.

C'est cette loi, qualifiée par le gouvernement et par le rapporteur, à la Chambre des pairs, de *Charte coloniale*, qu'on veut abroger.

Elle créa des conseils coloniaux, on propose de les détruire.

On trouve leurs attributions trop étendues.

On veut les réduire et les transformer en simples conseils généraux.

On sait que les attributions des conseils de nos colonies sont beaucoup moins étendues que celles des assemblées des colonies anglaises, véritables assemblées législatives, pour tout ce qui concerne leur administration intérieure.

On veut imiter l'Angleterre dans des mesures qui peuvent compromettre l'existence de nos colonies ; mais on refuse de les doter des institutions libérales dont elle a doté les siennes.

Les colonies anglaises ont un véritable gouvernement représentatif.

Nos colonies n'en ont que l'ombre ; on veut qu'elle disparaisse.

Les conseils coloniaux n'ont pas même les attributions qu'avaient les *conseils supérieurs* dans nos colonies avant 1789, comme on peut s'en convaincre par la lecture des édits et lettres-patentes.

On veut donc traiter nos colonies moins libéralement que ne les traitait l'ancien régime ! plus durement qu'on ne traite un pays conquis, auquel on laisse presque toujours ses institutions locales!

Les *décrets* rendus par les conseils coloniaux ont tous un objet d'*intérêt local.*

Si on ôte aux conseils coloniaux le pouvoir de rendre ces décrets, à qui le transfèrera-t-on?

Au roi?

La Charte de 1814 le permettait.

La Charte de 1830 le défend.

Les colonies qui, avant 1830, étaient régies par des *règlemens*, ne pouvant, d'après l'article 64 de la Charte, être régies que par des *lois.*

Transfèrera-t-on à la législature métropolitaine le pouvoir de rendre ces décrets?

M. le rapporteur, à la Chambre des pairs, de la loi du 24 avril 1833, s'y opposait par des raisons péremptoires :

« Ce serait, dit-il, un grave inconvénient que de
» remettre une foule de questions pour la solution
» équitable desquelles est nécessaire la connaissance
» d'un grand nombre de faits spéciaux que fait naî-
» tre un état social fondamentalement exceptionnel,
» à la décision des pouvoirs métropolitains, qui ne
» peuvent pas avoir ni acquérir, à un degré suffi-
» sant, cette connaissance.

» La pensée-mère du projet de loi, c'est de rete-
» nir, dans le domaine de la législation, le jugement
» des questions générales, ou qui affectent d'une
» manière directe les intérêts moraux et matériels
» de l'État; de remettre à la décision d'une *législa-*
» *ture* locale, instituée à cet effet, les matières qui

» se rattachent à l'intérêt particulier des colonies en
» général et de chaque colonie en particulier. »

Le gouvernement avait exprimé la même opinion
que le rapporteur (1).

« Ne serait-ce pas, de la part de la législature, as-
» sumer sur elle une grave responsabilité, que de
» s'attribuer exclusivement le droit de faire la légis-
» lation de pays où l'on sait que la position spéciale
» des habitans, les usages, les cultures, l'indus-
» trie, tout diffère des besoins matériels dont nos
» Chambres sont habituellement appelées à s'oc-
» cuper ? »

Les conseils coloniaux supprimés, il faudrait déterminer, par la loi, les attributions des conseils généraux qui seraient mis à leur place, et qui, vu la dif-
férence de localités, de climats, d'institutions, ne
peuvent être en tout semblables aux conseils généraux
de la métropole.

On se propose aussi de remplacer le conseil des
délégués par des députés élus par les colléges élec-
toraux des colonies, et siégeant dans la Chambre
élective au même titre que les députés de la métropole. Ce serait là une grave innovation, ou plutôt
un retour incomplet à la législation de 1791.

Elle serait accueillie favorablement, si on ne la
faisait pas acheter aux colonies, par la suppression
des attributions législatives de leur représentation
locale, et si, d'un autre côté, la participation des

____

(1) Exposé des motifs du 17 décembre 1831.

colonies à la représentation nationale était efficace ; si on leur donnait la réalité avec l'apparence, la chose avec le nom.

L'Assemblée nationale, en appelant les Français des colonies à participer à la représentation nationale, déclarait :

« Qu'elle n'entendait pas les assujétir à des lois » qui pourraient être incompatibles avec leurs con-» venances locales et particulières. » (Décret des 8-10 mars 1790.)

C'est ce que la Charte de 1830 répète après 40 ans, presque dans des termes identiques.

Le même décret du 8 mars 1790 dispose, artiale 2 :

« Dans les colonies où il existe des assemblées » coloniales librement élues par les citoyens et avouées » par eux, ces assemblées seront admises à expri-» mer le vœu de la colonie.

» Dans celles où il n'existe pas d'assemblées sem-» blables, il en sera formé incessamment pour rem-» plir les mêmes fonctions. »

Dans son décret des 15 juin-10 juillet 1791, l'Assemblée nationale proclame, à l'égard des colonies, les principes les plus libéraux.

L'Assemblée nationale, en même temps qu'elle appelait dans son sein les représentans des colonies, maintenait les assemblées coloniales ; elle en créait là où il n'en existait pas.

On voudrait aujourd'hui détruire celles qui existent !

L'Assemblée nationale fixait d'une manière large les attributions des assemblées coloniales.

On voudrait aujourd'hui réduire les attributions déjà si restreintes des conseils coloniaux !

Voilà les conditions auxquelles on accorderait la représentation directe à quatre de nos colonies !

Quant à l'Algérie, à nos établissemens dans l'Inde et au Sénégal , auxquels le gouvernement vient de donner des conseils locaux et des délégués, le principe de la participation des colonies à la représentation nationale ne devrait-il pas leur être également appliqué?

C'est une grave question qui doit être examinée et recevoir une solution dans le conseil des ministres.

Mais ce n'est pas tout de décréter un principe, il faut le mettre en action.

S'il est facile d'écrire, dans une loi, que les colonies auront le droit d'envoyer des députés à la Chambre, il est beaucoup plus difficile de les mettre en possession de ce droit.

Le rapporteur de la loi du 24 avril 1833 à la Chambre des pairs, M. Gautier, déclarait que « l'ad- » mission dans la Chambre des députés des colonies, » *irrationnelle* en principe, étai *timpraticable* en fait ».

Dans son rapport à la Chambre des députés sur la loi du 24 avril 1833, M. Passy s'exprimait ainsi : « L'autre proposition, également faite dans le sein » de votre commission, concerne le droit, pour les » colonies, d'être représentées en France et d'élire » des députés qui viendraient siéger à la Chambre.

» Déjà l'exposé des motifs à l'appui du projet de
» loi, vous a rendu compte des raisons qui ont dé-
» terminé le gouvernement à refuser son assentiment
» à un système adopté lors de la formation de nos
» premières assemblées nationales, et j'aurai peu de
» chose à ajouter pour justifier l'adhésion de la ma-
» jorité de votre commission aux principes exposés
» par le gouvernement.

» On a dit que les Chambres ayant à statuer sur
» des intérêts coloniaux, il était juste que ces inté-
» rêts fussent représentés, et que leurs organes in-
» tervinssent dans le débat; que les colonies, faisant
» partie intégrante du territoire national, devaient
» être considérées comme des départemens français,
» et qu'il y aurait dureté à leur imposer des lois à
» la confection desquelles elles n'auraient pas par-
» ticipé.

» Messieurs, votre commission rend justice aux
» sentimens qui ont dicté ces réclamations; et s'il
» s'agissait de populations qui vécussent tout entiè-
» res sous les lois qui régissent la France, elle n'eût
» pas hésité à les accueillir favorablement; mais,
» quelque intérêt que commande la situation des co-
» lonies, il lui semble impossible de ne pas tenir
» compte de l'importance des faits qui séparent si
» profondément leur ordre social du nôtre.

» En France, où règne l'égalité des droits, où nulle
» interdiction ne pèse sur aucune partie de la so-
» ciété, il y a homogénéité dans les existences, et
» les députés n'ayant à délibérer que sur des inté-

» rêts communs à tous, ne faisant que des lois d'une
» application universelle, sont considérés à juste
» titre comme les organes de la nation entière.

» Aux colonies, l'état social est constitué de telle
» sorte qu'il n'en saurait être ainsi. Là, les trois
» quarts au moins de la population, tous en servi-
» tude personnelle, sont hors de la loi commune : un
» code exceptionnel les régit, et de l'excessive iné-
» galité des droits conférés aux diverses classes de
» la population résulte entre elles une opposition
» d'intérêts sur laquelle on ne peut se méprendre.

» Que seraient donc, par suite de ce fait, les dé-
» putés élus par les colonies ? Évidemment les man-
» dataires d'une seule classe, les organes de ses in-
» térêts bien ou mal entendus, et non les représen-
» tans de la population entière. A l'inconvénient de
» n'appeler à participer au vote des lois qu'une des
» parties intéressées, leur admission à la Chambre
» joindrait celui d'ôter à la représentation nationale
» le caractère d'impartialité et d'homogénéité qui
» prête tant de force à ses actes.

» Ainsi, pour les lois qui régissent les colonies,
» les députés qu'elles enverraient manqueraient de
» l'autorité attachée à l'impartialité législative. Quant
» aux autres, à quel titre les voteraient-ils ? Que leur
» importent nos appels d'hommes, nos lois de finan-
» ces, nos emprunts, notre organisation adminis-
» trative ? Presque tout ce qui forme notre vie so-
» ciale leur est complètement étranger. »

Le gouvernement, dans son exposé des motifs d'un

premier projet de loi présenté le 17 décembre 1831,
avait déjà exprimé la même opinion :

« La Charte n'appelle à composer la Chambre élec
» tive que les députés du territoire continental du
» royaume.

» D'un autre côté, les dispositions législatives en
» vigueur sur la circonscription électorale, ne font
» aucune mention des colonies.

» Ce silence s'explique par l'article 64 de la Charte,
» qui déclare que les colonies sont régies par une
» législation particulière, parce que dans ces éta-
» blissemens tout est différent de ce qui constitue la
» France européenne.

» Cependant quelques voix, dans le sein de cette
» Chambre, se sont élevées en faveur d'une proposi-
» tion tendante à ce que l'on appelât à y siéger des
» députés de nos principales colonies.

» Ce système, quoique repoussé lors de la discus-
» sion de la dernière loi électorale, devait nécessaire-
» ment subir un examen approfondi, au moment
» où il s'agissait de régler le régime législatif des
» colonies.

» La commission de législation coloniale qui est
» établie près du département de la marine, s'en est
» occupée avec le soin qu'exigeait une question aussi
» grave, et après une mûre délibération elle a ex-
» primé une opinion négative.

» Les motifs de cette opinion sont, d'abord, le dé-
» faut absolu d'homogénéité entre la population mé-
» tropolitaine et la population des colonies, etc.; à

» ces difficultés morales viennent se joindre les obs-
» tacles matériels : tels que l'éloignement des colo-
» nies, notamment de celles qui sont situées au-delà
» du cap de Bonne-Espréance ; les chances de guerre
» maritime, qui peuvent interrompre pendant long-
» temps toute communication avec la métropole.

» On comprend aisément les conséquences graves
» de ces obstacles dans un grand nombre de cas,
» parmi lesquels il suffit de citer celui d'une disso-
» lution de la Chambre, circonstance qui exposerait
» les députés antérieurement élus, à n'arriver qu'au
» moment où leurs pouvoirs auraient cessé ; et qui
» ne permettrait aux députés nommés, par suite de
» nouvelles élections, de venir participer aux travaux
» de la nouvelle Chambre que plusieurs mois après
» sa réunion.

» Déterminé par ces motifs, le gouvernement n'a
» pas hésité à reconnaître qu'on devait éloigner toute
» idée d'appeler, à la Chambre élective, des députés
» des colonies. »

L'opinion du gouvernement et des commissions a
été partagée par les Chambres. La Chambre des députés, dans la discussion de la loi électorale, a rejeté
un amendement de M. *Laisné Villévesque*, qui proposait de donner aux colonies la représentation directe.

Et aucun amendement, tendant au même but, n'a
été proposé, ni à la Chambre des pairs, ni à la
Chambre des députés, dans la discussion de la loi
du 24 avril 1833.

Sans dire avec le gouvernement, avec MM. les rapporteurs, que l'admission des députés des colonies, dans la Chambre élective, est *irrationnelle* en principe;

On peut craindre, comme eux, qu'elle ne soit *impraticable* en fait; et le Conseil des ministres aura à examiner et à résoudre les questions suivantes :

Comment et par qui les colonies seront-elles représentées lorsque leurs députés ne pourront se rendre à la métropole, les communications étant interrompues par une guerre maritime?

Lorsqu'un député colon donnera sa démission, décédera; lorsqu'il sera soumis à réélection pour acceptation de fonctions publiques, son siége à la Chambre sera-t-il vacant, et les colonies privées d'un député, pendant quatre mois, huit mois, un an, temps nécessaire pour la convocation du collége électoral de la colonie, et l'arrivée de son successeur?

Lorsque les élections d'une colonie auront été annulées, la colonie se trouvera-t-elle privée de députés pendant toute une session?

Depuis 1830, nous avons eu quatre à cinq dissolutions, en sorte que chaque législature ne se compose, en moyenne, que de deux sessions.

Les députés des colonies, et notamment de Bourbon et de nos possessions dans l'Inde, ne pourront arriver à temps pour siéger à la première session.

Les colonies seront-elles privées de toute représentation, une session sur deux?

Créera-t-on des députés suppléans?

L'article 67 de la loi du 19 avril 1834 porte que les députés ne reçoivent ni traitement ni indemnité. Cet article a été l'objet de critiques, même pour les députés domiciliés en France.

Dans la discussion de la loi électorale de 1831, on avait proposé par amendement « de donner aux » députés une indemnité de 20 francs par jour pen- » dant la session, et des frais de poste pour l'aller et » le retour du chef-lieu du gouvernement au chef- » lieu d'arrondissement électoral.

» Un autre amendement proposait de donner aux » conseils généraux de département, la faculté, s'ils » le jugeaient convenable, de voter les fonds, pour » payer une indemnité à leurs députés. »

La Chambre a rejeté ces amendemens; mais la question de l'indemnité compte aujourd'hui de nombreux partisans dans la Chambre et dans la presse; et, d'ailleurs, les députés colons seraient dans une position différente des députés domiciliés en France.

Un député, domicilié en France, vient à Paris en peu de temps et à peu de frais; il peut retourner chez lui, même pendant la session, si des affaires urgentes l'y rappellent.

La session terminée, il peut quitter Paris, et n'y revenir qu'à la session suivante. Tout cela serait impossible au député colon. Forcé de s'expatrier pour cinq ans, d'abandonner ses propriétés, qu'il ne pourrait plus surveiller; ses affaires, qu'il ne pourrait plus diriger; dans l'impossibilité de retourner dans sa

colonie, ni pendant la session, ni après la session ;
assujéti à des frais de voyage considérables, n'aurait-
il pas droit à une indemnité ? ne pourrait-on pas auto-
riser le conseil général de la colonie à lui en allouer
une ?

Pour la négative, on dira que rien n'oblige les colons domiciliés hors de France à accepter la députa-
tion ; que les colons pourront se faire représenter,
ou par des colons domiciliés en France, ou par des
métropolitains.

Mais, de quel droit circonscrirait-on le choix des
électeurs colons ?

Pourquoi les réduire, par l'absence d'une indemnité, à l'impuissance de trouver des candidats dans
leurs colonies, à la nécessité de les choisir dans la
métropole ?

Après avoir réglé les conditions de l'éligibilité, il
faudra régler aussi les conditions nécessaires pour
être électeur, les circonscriptions et tout ce qui concerne les listes électorales.

Les conditions prescrites pour être électeur ou
éligible, quand il s'agissait de conseils coloniaux,
seront-elles maintenues quand il s'agira d'être électeur ou éligible à la Chambre des députés ?

Les circonscriptions qui avaient été déterminées
dans chaque colonie, pour la nomination des trente
membres du conseil colonial, et de seize à Cayenne,
pourront-elles être maintenues, quand il n'y aura
plus qu'un ou deux députés à nommer à Cayenne,
et deux ou quatre députés dans les autres colonies ?

Y aura-t-il un collége unique qui nommera tous les députés de la colonie, ou autant de colléges que de députés à nommer?

L'article 23 de la loi du 24 avril 1833 renvoyait à l'ordonnance royale, pour déterminer, avec les modifications qu'exigent les circonstances locales, l'application, à chacune des colonies, des dispositions *réglementaires* de la loi du 19 avril 1834 sur les élections.

Ce renvoi nous paraît contraire à l'article 64 de la Charte, qui veut que les colonies soient régies par des *lois*.

Mais si l'on a pu renvoyer à l'*ordonnance* quand il s'agissait seulement d'élection à des conseils coloniaux,

On ne pourrait ni ne voudrait y recourir quand il s'agirait de l'élection à la Chambre des députés (1).

On ne prétend pas que les difficultés qui viennent d'être exposées ne puissent être résolues; mais, lorsqu'on offre aux colonies la représentation directe

____

(1) Dans la séance de la Chambre des députés du 20 avril 1833, on objectait que la Charte de 1830 serait violée si on soumettait les colonies au régime des ordonnances.

Qu'elle serait violée lors même qu'elles seraient soumises au régime des ordonnances en vertu d'une *délégation législative*.

M. le Ministre de la marine, tout en repoussant l'objection lorsqu'il s'agissait de *matières administratives*, qui sont du domaine de l'ordonnance, déclarait qu'elle eût été fondée, s'il se fût agi de *matières législatives*.

à la Chambre élective, en remplacement de leurs conseils coloniaux, du moins faut-il qu'en perdant leur représentation locale, elles obtiennent une participation *réelle* dans la représentation nationale ?

Le projet d'appeler les députés des colonies dans la Chambre élective, n'est que la réalisation partielle d'un projet plus vaste : *l'assimilation des colonies à des départemens français.*

Mais le conseil des ministres aura à examiner si la constitution de la société coloniale ne forme pas un tout qui ne peut pas être séparé, remanié dans une de ses parties, sans inconvéniens, sans périls ?

Si l'on peut toucher à l'organisation politique, sans toucher en même temps à l'organisation sociale et commerciale ?

On rappellera au conseil l'opinion émise à ce sujet par M. le ministre des affaires étrangères, dans la séance du 6 mars 1841 :

« Il y a deux grandes questions à examiner : com-
» ment on peut parvenir à l'abolition de l'esclavage,
» et comment la réforme du régime économique et de
» l'administration des colonies doit se lier à l'aboli-
» tion de l'esclavage ?

» Ces deux questions ne doivent pas être séparées
» et ne peuvent être bien résolues qu'*ensemble.* »

Imprimerie de Bruneau, rue Croix-des-Petits-Champs, 33.